書名：三元天心正運
系列：心一堂術數古籍珍本叢刊　堪輿類

主編、責任編輯：陳劍聰
心一堂術數古籍珍本叢刊編校小組：陳劍聰　素聞　梁松盛　鄒偉才　虛白盧主

出版：心一堂有限公司
通訊地址：香港九龍旺角彌敦道六一〇號荷李活商業中心十八樓〇五－〇六室
深港讀者服務中心：中國深圳市羅湖區立新路六號羅湖商業大厦負一層〇〇八室
電話號碼：(852)67150840
網址：publish.sunyata.cc
電郵：sunyatabook@gmail.com
網店：http://book.sunyata.cc
淘寶店地址：https://shop210782774.taobao.com
微店地址：https://weidian.com/s/1212826297
臉書：https://www.facebook.com/sunyatabook
讀者論壇：http://bbs.sunyata.cc/

版次：二零二一年九月初版
平裝

定價：
港幣　二百九十八元正
人民幣　二百九十八元正
新台幣　一千二百元正

國際書號：ISBN 978-988-8058-71-6

香港發行：香港聯合書刊物流有限公司
地址：香港新界大埔汀麗路36號中華商務印刷大廈3樓
電話號碼：(852)2150-2100
傳真號碼：(852)2407-3062
電郵：info@suplogistics.com.hk

台灣發行：秀威資訊科技股份有限公司
地址：台灣台北市內湖區瑞光路七十六巷六十五號一樓
電話號碼：+886-2-2796-3638
傳真號碼：+886-2-2796-1377
網絡書店：www.bodbooks.com.tw
台灣國家書店讀者服務中心：
地址：台灣台北市中山區松江路二〇九號一樓
電話號碼：+886-2-2518-0207
傳真號碼：+886-2-2518-0778
網絡書店：http://www.govbooks.com.tw

中國大陸發行　零售：深圳心一堂文化傳播有限公司
深圳地址：深圳市羅湖區立新路六號羅湖商業大厦負一層〇〇八室
電話號碼：(86)0755-82224934

心一堂微店二維碼

心一堂淘寶店二維碼

心一堂術數古籍珍本叢刊 總序

術數定義

術數，大概可謂以「推算、推演人（個人、群體、國家等）、事、物、自然現象、時間、空間方位等規律及氣數，並或通過種種『方術』，從而達致趨吉避凶或某種特定目的」之知識體系和方法。

術數類別

我國術數的內容類別，歷代不盡相同，例如《漢書・藝文志》中載，漢代術數有六類：天文、曆譜、無行、蓍龜、雜占、形法。至清代《四庫全書》，術數類則有：數學、占候、相宅相墓、占卜、命書、相書、陰陽五行、雜技術等，其他如《後漢書・方術部》、《藝文類聚・方術部》、《太平御覽・方術部》等，對於術數的分類，皆有差異。古代多把天文、曆譜、及部份數學均歸入術數類，而民間流行亦視傳統醫學作為術數的一環；此外，有些術數與宗教中的方術亦往往難以分開。現代學界則常將各種術數歸納為五大類別：命、卜、相、醫、山，通稱「五術」。

本叢刊在《四庫全書》的分類基礎上，將術數分為九大類別：占筮、星命、相術、堪輿、選擇、三式、讖緯、理數（陰陽五行）、雜術。而未收天文、曆譜、算術、宗教方術、醫學。

術數思想與發展——從術到學，乃至合道

我國術數是由上古的占星、卜蓍、形法等術發展下來的。其中卜蓍之術，是歷經夏商周三代而通過「龜卜、蓍筮」得出卜（卦）辭的一種預測（吉凶成敗）術，之後歸納並結集成書，此即現傳之《易經》。經過春秋戰國至秦漢之際，受到當時諸子百家的影響、儒家的推崇，遂有《易傳》等的出現，原本是卜蓍術書的《易經》，被提升及解讀成有包涵「天地之道（理）」之學。因此，《易・繫辭傳》曰：「易與天地準，故能彌綸天地之道。」

漢代以後，易學中的陰陽學說，與五行、九宮、干支、氣運、災變、律曆、卦氣、讖緯、天人感應說等相結

合，形成易學中象數系統。而其他原與《易經》本來沒有關係的術數，如占星、形法、選擇，亦漸漸以易理（象數學說）為依歸。《四庫全書‧易類小序》云：「術數之興，多在秦漢以後。要其旨，不出乎陰陽五行，生尅制化。實皆《易》之支派，傳以雜說耳。」至此，術數可謂已由「術」發展成「學」。

及至宋代，術數理論與理學中的河圖洛書、太極圖、邵雍先天之學及皇極經世等學說給合，通過術數以演繹理學中「天地中有一太極，萬物中各有一太極」（《朱子語類》）的思想。術數理論不單已發展至十分成熟，而且也從其學理中衍生一些新的方法或理論，如《梅花易數》、《河洛理數》等。

在傳統上，術數功能往往不止於僅僅作為趨吉避凶的方術，及「能彌綸天地之道」的學問，亦有其「修心養性」的功能，「與道合一」（修道）的內涵。《素問‧上古天真論》：「上古之人，其知道者，法於陰陽，和於術數。」數之意義，不單是外在的算數、歷數、氣數，而是與理學中同等的「道」、「理」——心性的功能，北宋理氣家邵雍對此多有發揮：「聖人之心，是亦數也」、「萬化萬事生乎心」、「心為太極」。《觀物外篇》：「先天之學，心法也。……蓋天地萬物之理，盡在其中矣，心一而不分，則能應萬物。」反過來說，宋代的術數理論，受到當時理學、佛道及宋易影響，認為心性本質上是等同天地之太極。天地萬物氣數規律，能通過內觀自心而有所感知，即是內心也已具備有術數的推演及預測、感知能力；相傳是邵雍所創之《梅花易數》，便是在這樣的背景下誕生。

《易‧文言傳》已有「積善之家，必有餘慶；積不善之家，必有餘殃」之說，至漢代流行的災變說及讖緯說，我國數千年來都認為天災，異常天象（自然現象），皆與一國或一地的施政者失德有關；下至家族、個人之盛衰，也都與一族一人之德行修養有關。因此，我國術數中除了吉凶盛衰理數之外，人心的德行修養，也是趨吉避凶的一個關鍵因素。

術數與宗教、修道

在這種思想之下，我國術數不單只是附屬於巫術或宗教行為的方術，又往往已是一種宗教的修煉手段——通過術數，以知陰陽，乃至合陰陽（道）。「其知道者，法於陰陽，和於術數。」例如，「奇門遁甲」術中，即分為「術奇門」與「法奇門」兩大類。「法奇門」中有大量道教中符籙、手印、存想、內煉的內容，是道教內丹外法的一種重要外法修煉體系。甚至在雷法一系的修煉上，亦大量應用了術數內容。此外，相術、堪輿術中也有修煉望氣色的方法；堪輿家除了選擇陰陽宅之吉凶外，也有道教中選擇適合修道環境（法、財、侶、地中的地）的方法，以至通過堪輿術觀察天地山川陰陽之氣，亦成為領悟陰陽金丹大道的一途。

易學體系以外的術數與的少數民族的術數

我國術數中，也有不用或不全用易理作為其理論依據的，如楊雄的《太玄》、司馬光的《潛虛》。也有一些占卜法、雜術不屬於《易經》系統，不過對後世影響較少而已。

外來宗教及少數民族中也有不少雖受漢文化影響（如陰陽、五行、二十八宿等學說）但仍自成系統的術數，如古代的西夏、突厥、吐魯番等占卜及星占術，藏族中有多種藏傳佛教占卜術、苯教占卜術、擇吉術、推命術、相術等；北方少數民族有薩滿教占卜術；不少少數民族如水族、白族、布朗族、佤族、彝族、苗族等，皆有占雞（卦）草卜、雞蛋卜等術，納西族的占星術、占卜術，彝族畢摩的推命術、占卜術…等等，都是屬於《易經》體系以外的術數。相對上，外國傳入的術數以及其理論，對我國術數影響更大。

曆法、推步術與外來術數的影響

我國的術數與曆法的關係非常緊密。早期的術數中，很多是利用星宿或星宿組合的位置（如某星在某州或某宮某度）付予某種吉凶意義，并據之以推演，例如歲星（木星）、月將（某月太陽所躔之宮次）等。不過，由於不同的古代曆法推步的誤差及歲差的問題，若干年後，其術數所用之星辰的位置，已與真實星辰的位置不一樣了；此如歲星（木星），早期的曆法及術數以十二年為一周期（以應地支），與木星真實周期十一點八六年，每幾十年便錯一宮。後來術家又設一「太歲」的假想星體來解決，是歲星運行的相反，週期亦剛好是十二年。而術數中的神煞，很多即是根據太歲的位置而定。又如六壬術中的「月將」，原是立春節氣後太陽躔娵訾之次而稱作「登明亥將」，至宋代，因歲差的關係，要到雨水節氣後太陽才躔娵訾之次，當時沈括提出了修正，但明清時六壬術中「月將」仍然沿用宋代沈括修正的起法沒有再修正。

由於以真實星象周期的推步術是非常繁複，而且古代星象推步術本身亦有不少誤差，大多數術數除依曆書保留了太陽（節氣）、太陰（月相）的簡單宮次計算外，漸漸形成根據干支、日月等的各自起例，以起出其他具有不同含義的眾多假想星象及神煞系統。唐宋以後，我國絕大部份術數都主要沿用這一系統，也出現了不少完全脫離真實星象的術數，如《子平術》、《紫微斗數》、《鐵版神數》等。後來就連一些利用真實星辰位置的術數，如《七政四餘術》及選擇法中的《天星選擇》，也已與假想星象及神煞混合而使用了。

隨着古代外國曆（推步）、術數的傳入，如唐代傳入的印度曆法及術數，元代傳入的回回曆等，其中我國占星術便吸收了印度占星術中羅睺星、計都星等而形成四餘星，又通過阿拉伯占星術而吸收了其中來自希臘、巴比倫占星術的黃道十二宮、四元素學說（地、水、火、風），並與我國傳統的二十八宿、五行說、神煞系統並存而形成《七政四餘術》。此外，一些術數中的北斗星名，不用我國傳統的星名：天樞、天璿、天璣、天權、玉衡、開陽、搖光，而是使用來自印度梵文所譯的：貪狼、巨門、祿存、文曲，廉貞、武曲、破軍等，此明顯是受到唐代從印度傳入的曆法及占星術所影響。如星命術的《紫微斗數》及堪輿術的《撼龍經》等文獻中，其星皆用印度譯名。及至清初《時憲曆》，置潤之法則改用西法「定氣」。清代以後的術數，又作過不少的調整。

術數在古代社會及外國的影響

術數在古代社會中一直扮演着一個非常重要的角色，影響層面不單只是某一階層、某一職業、某一年齡的人，而是上自帝王，下至普通百姓，從出生到死亡，不論是生活上的小事如洗髮、出行等，大事如建房、入伙、出兵等，從個人、家族以至國家，從天文、氣象、地理到人事、軍事，從民俗、學術到宗教，都離不開術數的應用。如古代政府的中欽天監（司天監），除了負責天文、曆法、輿地之外，亦精通其他如星占、選擇、堪輿等術數，除在皇室人員及朝廷中應用外，也定期頒行日書、修定術數，使民間對於天文、日曆用事吉凶及使用其他術數時，有所依從。

在古代，我國的漢族術數，甚至影響遍及西夏、突厥、吐蕃、阿拉伯、印度、東南亞諸國、朝鮮、日本、越南等地，其中朝鮮、日本、越南等國，一至到了民國時期，仍然沿用着我國的多種術數。

術數研究

術數在我國古代社會雖然影響深遠，「是傳統中國理念中的一門科學，從傳統的陰陽、五行、九宮、八卦、河圖、洛書等觀念作大自然的研究。……傳統中國的天文學、數學、煉丹術等，要到上世紀中葉始受世界學者肯定。可是，術數還未受到應得的注意。術數在傳統中國科技史、思想史，文化史、社會史，甚至軍事史都有一定的影響。……更進一步了解術數，我們將更能了解中國歷史的全貌。」（何丙郁《術數、天文與醫學 中國科技史的新視野》，香港城市大學中國文化中心。）

可是術數至今一直不受正統學界所重視，加上術家藏秘自珍，又揚言天機不可洩漏，「（術數）乃吾國科學與哲學融貫而成一種學說，數千年來傳衍嬗變，或隱或現，全賴一二有心人為之繼續維繫，賴以不絕，其中確有學術上研究之價值，非徒癡人說夢，荒誕不經之謂也。其所以至今不能在科學中成立一種地位者，實有數困。蓋古代士大夫階級目醫卜星相為九流之學，多恥道之；而發明諸大師又故為惝怳迷離之辭，以待後人探索；間有一二賢者有所發明，亦秘莫如深，既恐洩天地之秘，複恐譏為旁門左道，始終不肯公開研究，成立一有系統說明之書籍，貽之後世。故居今日而欲研究此種學術，實一極困難之事。」（民國徐樂吾《子平真詮評註》，方重審序）

現存的術數古籍，除極少數是唐、宋、元的版本外，絕大多數是明、清兩代的版本。其內容也主要是明、清兩代流行的術數，唐宋以前的術數及其書籍，大部份均已失傳，只能從史料記載、出土文獻、敦煌遺書中稍窺一麟半爪。

術數版本

坊間術數古籍版本，大多是晚清書坊之翻刻本及民國書賈之重排本，其中豕亥魚魯，或而任意增刪，往往文意全非，以至不能卒讀。現今不論是術數愛好者，還是民俗、史學、社會、文化、版本等學術研究者，要想得一常見術數書籍的善本、原版，已經非常困難，更遑論稿本、鈔本、孤本。在文獻不足及缺乏善本的情況下，要想對術數的源流、理法、及其影響，作全面深入的研究，幾不可能。

有見及此，本叢刊編校小組經多年努力及多方協助，在中國、韓國、日本等地區搜羅了一九四九年以前漢文為主的術數類善本、珍本、鈔本、孤本、稿本、批校本等千餘種，精選出其中最佳版本，以最新數碼技術清理、修復版面，更正明顯的錯訛，部份善本更以原色精印，務求更勝原本，以饗讀者。不過，限於編校小組的水平，版本選擇及考證、文字修正、提要內容等方面，恐有疏漏及舛誤之處，懇請方家不吝指正。

心一堂術數古籍珍本叢刊編校小組

二零零九年七月

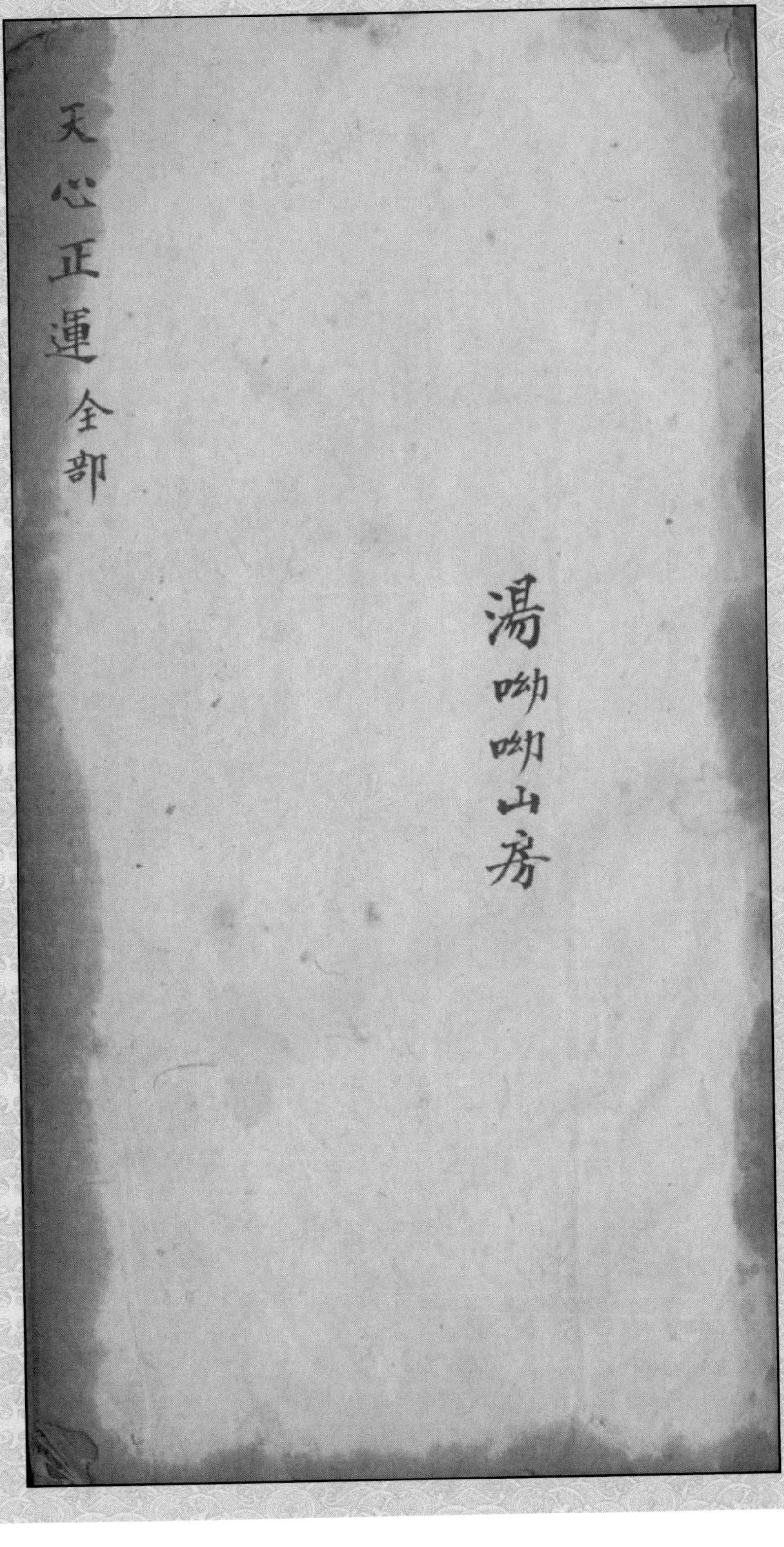

天心正運全部

湯呦呦山房

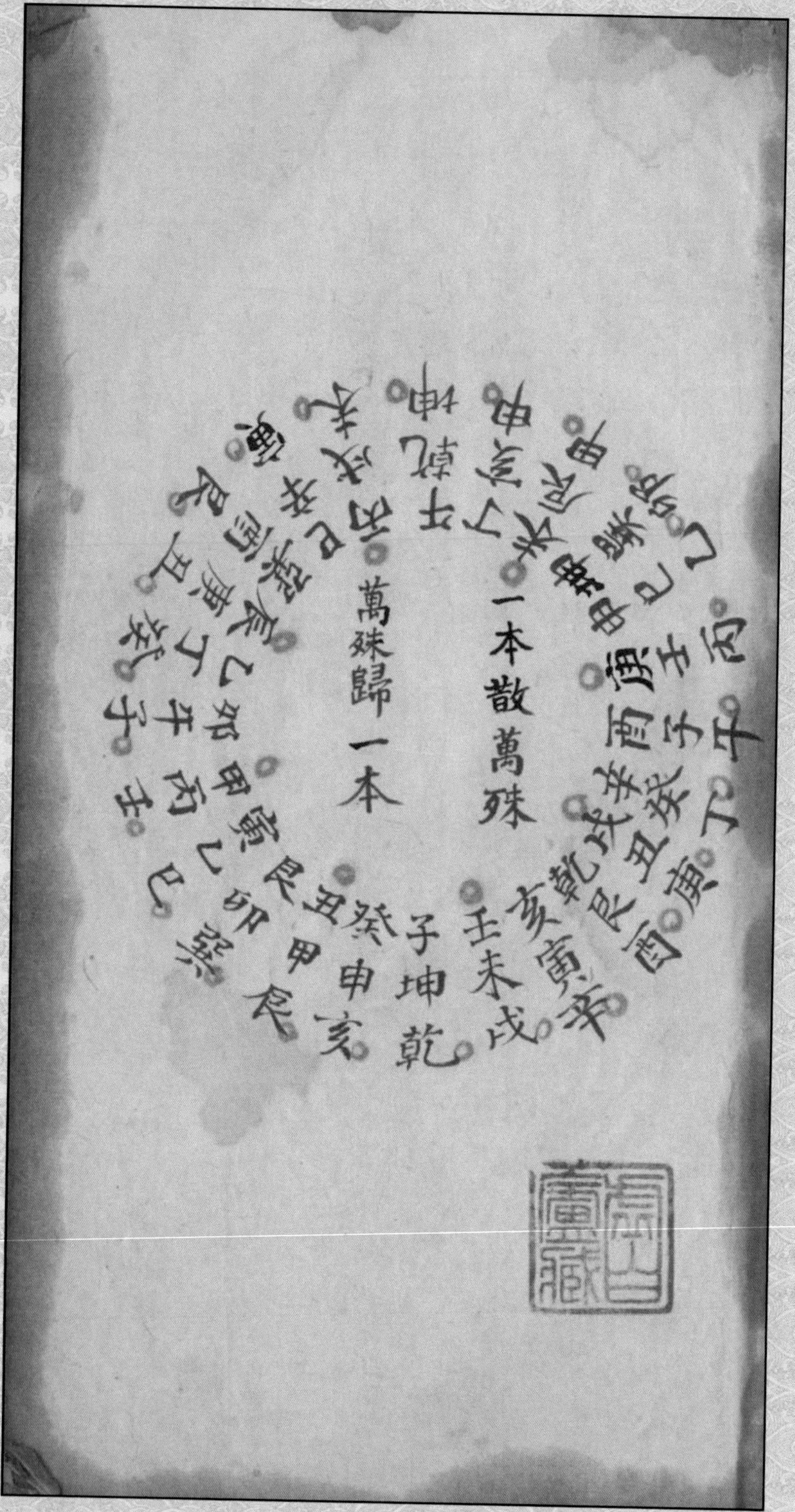
一本散萬殊
萬殊歸一本

古經精義

古經皆本於河圖出於天心正運之妙理也時師不得其眞正訣既不分山龍水龍之用又不分山有水之山有無水之山水有無山之龍亦有有山之龍山龍水龍有分山分水之挨星又不知此等龍格乃彼時生旺之龍彼等龍格乃此時生旺之龍龍以時分則用之者亦直分之以時也又不知二十四山只有三卦而用則只一卦也更不知一卦之通於何也只要星峰起伏龍勢踴躍堂局圓聚或左水倒右右水倒左或當面特朝或正庫或文庫迎生朝旺隨時安葬欲然得

意有適逢其會而得福者不知如何而福有不幸而値其凶者亦不知如何而凶皆是緣未受眞傳徒執三合生旺墓之僞法以從事耳後之學者須於河洛中求理氣先後天論正配於山水得合卦出卦之分尤必於元運中推得令失令之氣則庶幾乎不失古經之昭垂也

三大卦四十八局

子要乾艮午巽坤卯艮乾兮酉坤巽乾得子卯巽午

天元 酉艮在卯子坤酉午

乙山寅亥辛申巳丁巳申來癸亥寅寅用乙癸申辛

人元 丁巳在丁辛亥癸乙

甲宜丑戌庚未辰丙入辰未壬戌丑辰山丙庚戌壬

地元 甲丑甲壬兮未庚丙

子（乾武）午（巽武）卯（艮破）酉（坤巨）

乾（子貪）巽（午弼）艮（卯巨）坤（酉破）

子午卯酉之山要四維之城門收本山

本局催官

四維之山以四正為城門此正八局即

天元一大卦也

甲丑破　庚未巨　丙辰武　壬戌武

辰丙破　戌壬巨　丑甲貪　未庚弼

寅乙巨　申辛破　巳丁輔弼　亥癸貪

乙寅弼　辛申貪　丁巳武　癸亥武

子艮破　午坤巨　卯乾武　酉巽武

乾卯巨　巽酉破　坤午弼　艮子貪

甲戌武　庚辰武　丙未破巨　壬丑破

辰庚弼　戌甲貪　丑壬巨　未丙破

寅癸貪　申丁弼　巳辛破　亥乙巨

四陽干以四墓為本局城門催官

此地元之正八局也

此人元之正八局也

亦人元之正八局也

此天元之八變局也

此地元之八變局也

乙亥武辛巳武丁申貪癸寅弼　此八元之八變局也並寅申巳亥在內

催官水運

乾中元甲午甲辰甲寅乾當令以坎水為催官

坎上元甲子甲戌一白當令以乾水為催官

巽中元甲子甲戌甲申四綠當令以離水為催官

離下元甲辰甲寅九紫當令以巽水為催官

上元挨星

午酉丑右弼七八九

艮丙辛位位是破軍

艮下元甲申甲午八白當令以震水為催官

震上元甲辰甲寅三碧當令以艮水為催官

坤上元甲申甲午二黑當令以兌水為催官

兌下元甲子甲戌七赤當令以坤水為催官

山上龍神

寅庚丁以例作輔星

中元挨星

巽辰亥盡是武曲位　戌乾巳文曲古連次

下元挨星

坤壬乙巨門從頭出　甲癸申貪狼一路行

子未卯一三祿存倒

水裏龍神

貪狼子癸與甲申壬卯未坤乙巨門巽乾辰戌巳亥六爻皆

武曲酉丑艮丙辛破軍寅午庚丁四位上右弼之星次第臨

龍祖向水歌

六乾離九是朝宗坤宮坎一脈和同天三地八為朋友天七
地四氣相從坎水朝時來到兑巽龍入脈要坤宮離九龍來
定震位脈出地八到六宮後天龍先天向生成催照陰陽融
若然有宅合此局可保財丁無虧損
巽坤離向巽坤離山水龍神箇箇齊乾震坎來乾震坎一家
骨肉一家宜卦分艮兑添三合兩箇東兮兩箇西此是元空
眞妙訣毋容濫授洩天機

兌祖出脈剝換艮離入乾作乾山巽向要巽水特朝正局出
子變局出卯　乾艮離
庚祖出脈剝換申子入戌作戌山辰向要辰水特朝正局出
壬變局出甲　申子辰
辛祖出脈剝換酉丑入亥作亥山巳向要巳水特朝正局出
癸變局出乙　巳酉丑
艮祖出脈剝換艮離入巽作巽山乾向要乾水特朝正局出
午變局出酉　乾艮離
丑祖出脈剝換寅午入辰作辰山戌向要戌水特朝正局出

丙變局出庚　寅午戌

寅祖出脈剝換卯未入巳作巳山亥向要亥水特朝正局出

丁變局出辛　亥卯未

九星所屬五行

貪狼左輔水武破皆金巨門祿存土文曲水弼星火　陽順

陰逆　其三才三奇即三吉所謂貪巨武輔弼亦在其中

五吉即貪巨武輔弼　六儀六秀六建六龍即子息

先天陰陽

伏羲八卦

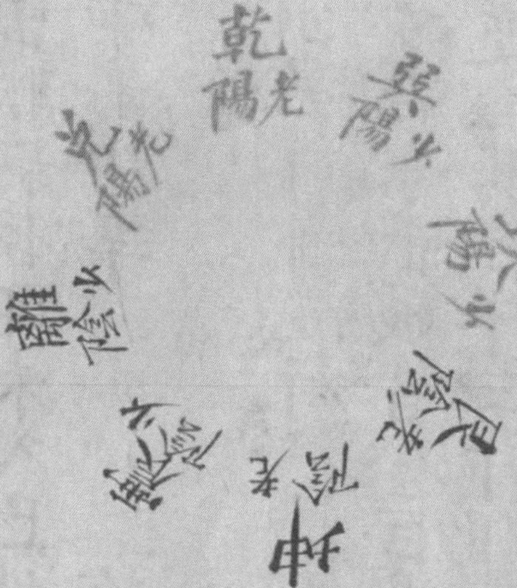

後天陰陽

文王八卦

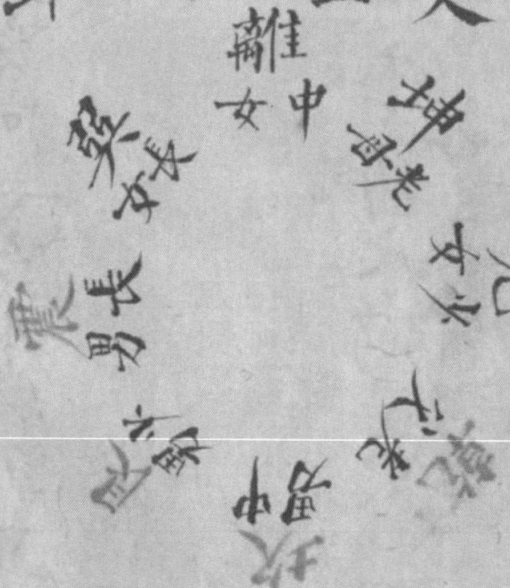

龍祖出脈入穴圖

挨山倒排父母陰陽
順逆運用全在此圖

挨水九星圖

城門去水上起父母
陽順陰逆在外一層

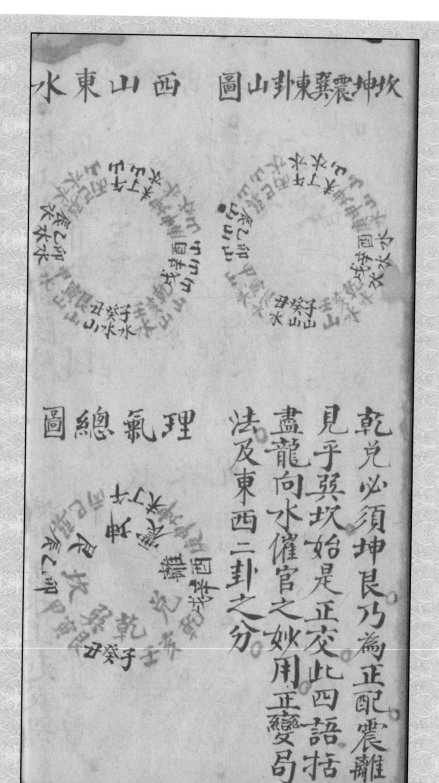

坎坤震巽東卦山圖

西山東水

乾兌必須坤艮乃為正配震離見乎巽坎始是正交此四語括盡龍向水催官之妙用正變局法及東西二卦之分

理氣總圖

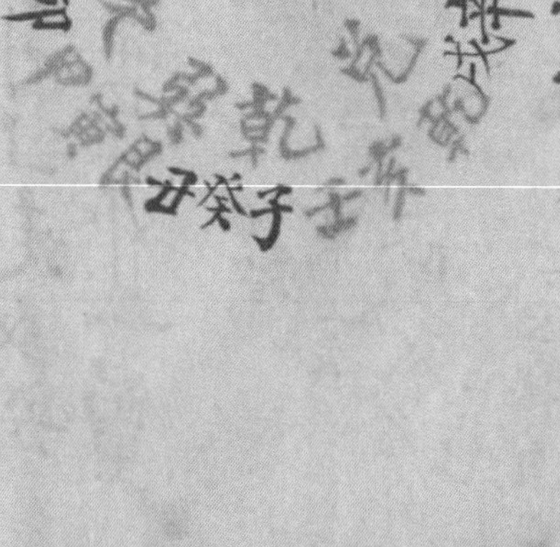

上元山水挨星龍局

壬子癸之山丙午丁水朝正出戌乾亥變局丑艮寅龍祖戌

乾亥龍局艮丙辛午酉丑寅庚丁山星破輔弼水星武破弼

未坤申之山丑艮寅水朝正出庚酉辛變局丙午丁龍祖甲

卯乙龍局艮丙辛午酉丑寅庚丁山星破輔弼水星武破弼

甲卯乙之山庚酉辛水朝正出丑艮寅變局戌乾亥龍祖壬

子癸龍局艮丙辛午酉丑寅庚丁山星破輔弼水星武破弼

中元山水挨星龍局

辰巽巳之山戌乾亥水朝正出丙午丁變局庚酉辛龍祖丑艮寅龍局乾艮離寅午戌亥卯未山星文武水星破輔

戌乾亥之山辰巽巳水朝正出壬子癸變出局甲卯乙龍祖庚酉辛龍局乾艮離申子辰巳酉丑山星文武水星貪巨

下元山水挨星龍局

庚酉辛之山甲卯乙水朝正出未坤申變出辰巽巳龍祖丙

午丁龍弓甲癸申子未卯坤壬乙山星貪巨祿水星貪巨武

丑艮寅之山未坤申水朝正出甲卯乙變出壬子癸龍祖辰

巽巳龍弓甲癸申子未卯坤壬乙山星貪巨祿水星貪巨武

丙午丁之山壬子癸水朝正出辰巽巳變出未坤申龍祖出脉

坤申龍弓甲癸申子未卯坤壬乙山星貪巨祿水星武貪巨

艮丙辛　一局　戌　丑

午酉丑　一局正　乾變　艮　子山午向

寅庚丁　一局　亥　寅

如子山午向兼癸丁雙山午丁雙向水揖穴正局乾亥變局艮寅所謂雙山雙向水零神也或正或變皆雙水口

乾入坎

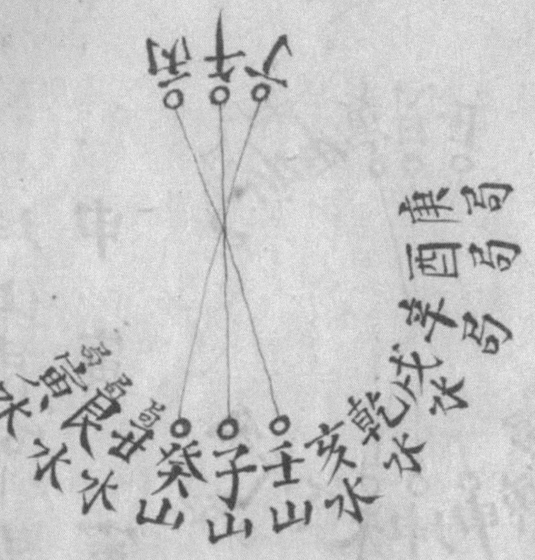

龍祖龍宮坐坎山向水離宮即六乾離九是朝宗也離乃先天乾位水出後天乾方所謂乾山乾向水流乾也變出艮方乾六居北艮亦居北艮乃先天在乾位龍祖出乾入坎向離水之運乾也出乾正也出艮亦乾也所謂一六同宗乾不離坎坎不離乾是也

未丑酉午庚丙

坤山艮向丙辛正局酉變局午

申寅寅庚丁辛丁

震入坤

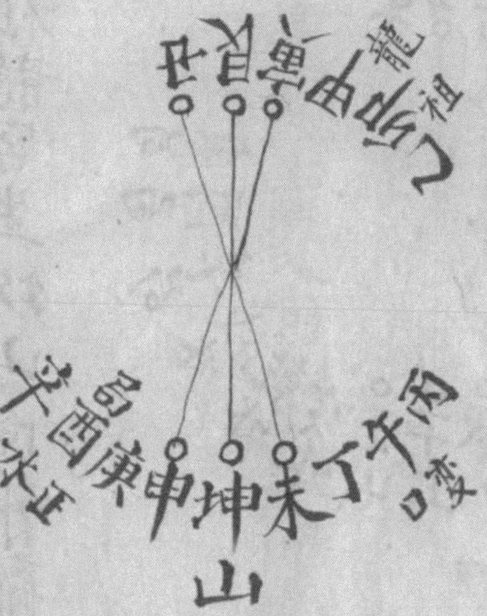

如坤艮兼申寅雙山雙向

酉辛雙水口

艮入巽　坎入震

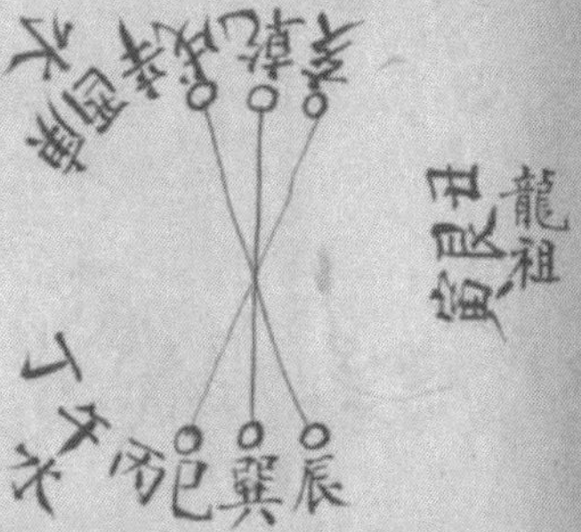

辰戌
乾戌巳丙
庚
巽山乾向水
正午
變局酉
巳亥
巽辰亥
丁
辛
如巽山乾兼巳亥雙山雙向或午丁或酉辛
雙水口

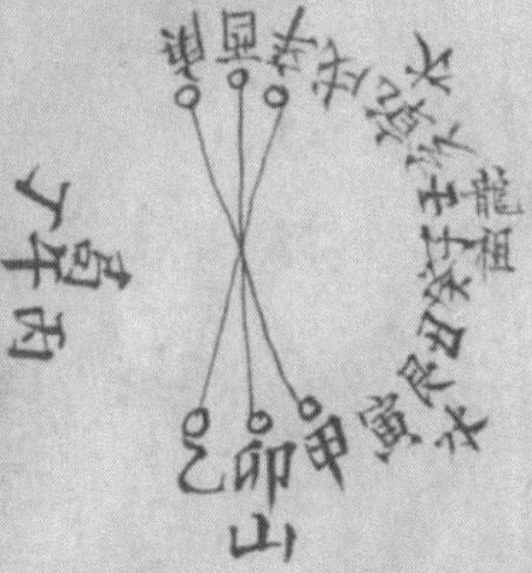

甲
庚
寅庚丁
丑
戌
卯山酉向午酉丑正局艮變局乾
乙
辛
艮丙辛
寅
亥
如卯酉兼乙辛雙山雙向或艮寅或乾
亥雙水口

巽入艮

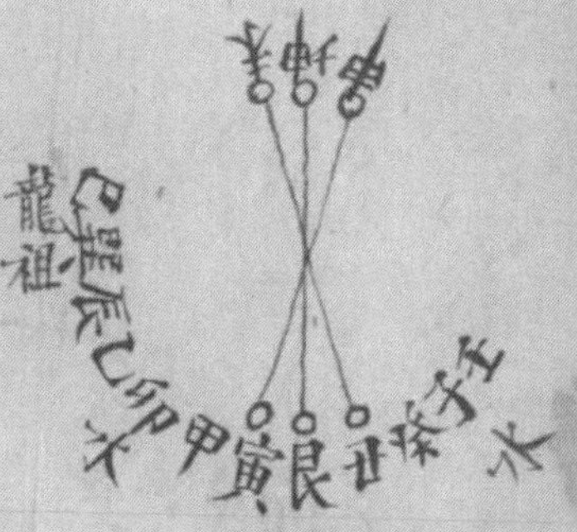

兌入乾

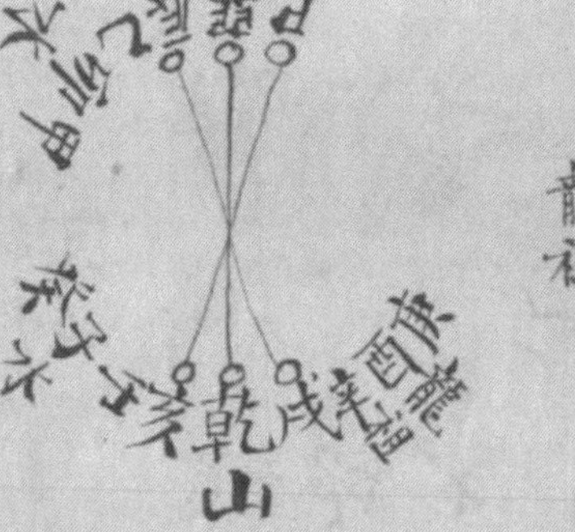

丑未　子未卯　甲　壬

艮山坤向坤壬乙正局卯變局子

寅申　甲癸申　乙　癸

如艮坤兼寅申雙山雙向或卯乙或子

癸雙水口

戌辰　申子辰　壬　甲

乾山巽向乾艮離正局子變局卯

亥巳　巳酉丑　癸　乙

如乾山巽兼亥巳雙山雙向或卯乙或變局

子癸正局雙水口

坤入離　離入兌

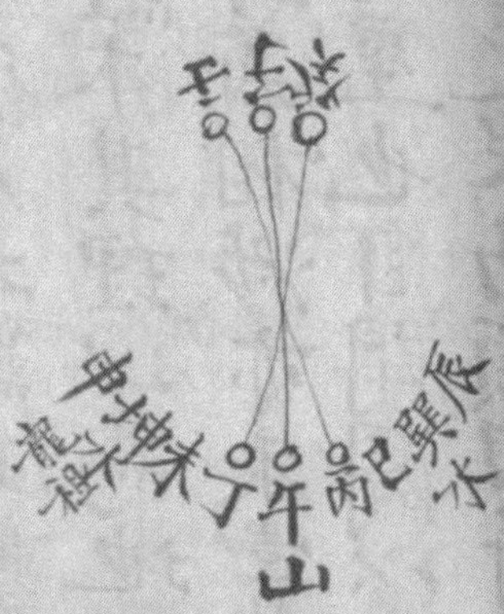

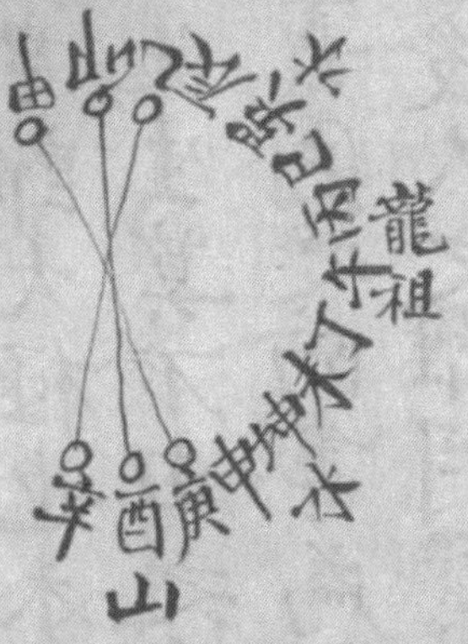

丙　壬　甲癸申　辰　未
午山子向水子未卯正局巽變局坤
丁　癸　坤壬乙　巳　申
如午子山兼丁癸雙山雙向或正巽巳或
變局坤申雙水口

庚　甲　甲癸申　未　辰
酉山卯向子未卯正局坤變局　巽
辛　乙　坤壬乙　申　巳
如酉卯兼辛乙雙山雙向或出坤申或
出巽巳雙水口

挨星原起說

夫九星即大極也未有大極之先其理已具天地之開闢萬物之化生莫不由之其象著於天而人莫知察既而圖出書呈伏羲因之而畫為八卦以明九星陰陽之理文王周公孔子慮後人之難明繫之以辭而其義乃昭然於天下其後青囊經本其理以為地理之用不知此疑九星為後起之數不與卦義相涉亦未嘗溯其源也當混沌之時一元氤氳不知有九星也自開闢以來日月星辰朗然昭著九星之氣既行九星之象乃顯四時行百物生而天不能以言語治人而以

圖書啟其倪聖人則其象以明其理而有八卦之象名則九星直在卦前卦所以明星也如謂為後起之數將日月星辰亦屬後起乎其義已發明蔣杜陵先生但先生雖示人以九星之理而用之之訣究未嘗顯言且茫然不知其所自起烏從而測之誠以天機祕訣不敢輕洩耳　寅旭范氏雖著有成書亦不過隨文裝點而已余不揣固陋既作挨星配卦圖而並詳其原起之義焉夫九星配卦人所易知以九星配二十四山參伍錯綜人多不解如艮當配輔而為破卯當配祿而為巨巽當配文而為武其他類多差參不齊緣卦雖有八而

用之祗有三卦楊公天玉之說即九星之用法也然三卦之用九星非一卦中只一九星二十四位各有一九星推而廣之則有三百八十四象即易之三百八十四爻也莫非陰陽老少對待流行之妙變變化化循環無端∴易曰山澤通氣乾巽之互根也乾先天之艮巽先天之兌老陰老陽相配乃父母之象如天地之自無而有不必更經四位艮入巽兌入乾所謂陽生於陰柔生於剛也故巽起貪狼於乾（乾起貪狼於巽）以陽星順川輪之而皆武曲∴雷風相薄坤艮之交也艮先天之震坤先天之巽少陰少陽相配然少陰少陽雖曰互根而實出老陽之

乾蓋巽入艮震入於坤坤入於離離乾位也故均自午起貪陽星順輪至艮破軍天地定位子午之交也子先天之坤午先天之乾也老陰老陽相配為諸卦之統領六子皆其所出以陰陽互根而論則子之貪狼當在午不知水火一交而天地成火陽根陰而在子所謂天一生水也一陽生子中陽本陰陰有陽之義也是以乾索坤而得女乾入坎而子首貪狼之陰星自天卦之所以自起也午為老陰亦應首貪狼於子而起於巽者何居蓋陰生午半午始陰象也坎為老陰陰不能生且乾坤老亢必求端於六子巽先天之兌位東南而

為老陽又兌為女少陰之義也朱子曰巽始消陽而陰生起貪於巽陰星逆輪至午得右弼水火不相射卯酉之也卯先天之離酉先天之坎少陰少陽相配為日月之門陰陽互根坎入於震離入於兌然不能自生必從於老陽先天之兌老陽之位也易曰帝出乎震艮震之位也艮入巽少陰少陽之所以生也朱子謂兌為陽長艮為陰長故酉均起貪狼於巽陰星逆行至酉得破軍至卯得巨門此位（四離）四支為先天（元）之卦自子起右行而終於艮父母之爻以八卦言之乾坤為父母六卦為子息乾坤縱而六子橫

以六十四卦言之八卦為父母諸卦皆其子息而生生不息之機萬焉人地兩元之父愈變而用愈神又非天元之倒八神四箇之所由來也

癸與巳交癸先天之申坤卦之子巳先天之辛兌卦之子老陰老陽相配癸陰也生於老陽故以坤入離離入兌兌入乾而起貪狼於亥陽順行至巳得武曲巳陽也成於老陰故以兌入乾乾入坎而起陰貪於癸

丁與亥交丁先天之亥乾卦之子亥先天之寅艮卦之子老陽老陰相配丁以離入兌兌本在巽而起陽貪於巳順行至

亥得武曲亦午之巽也亥本艮位而以艮入巽亦起陰貪於巳逆行至丁得右弼

辛與寅交辛先天之癸坎卦之子寅先天之乙震卦之子少陰少陽相配辛以坎入震而起貪狼於乙陽順行至寅得右弼寅以巽入艮艮入巽而起貪狼於巳陰逆行至辛得破軍

乙與申交乙先天之丁離卦之子申先天之巳巽卦之子少陰少陽相配乙以震入坤而起陽貪於申至巳得輔星申以巽入艮艮入巽而起陰貪於巳逆行至乙得巨門 此四干四支為八元之卦自子之東起右行而終於寅與父母一路

同行爲八卦之順子陰陽相配有交媾之妙一生根之義焉所以爲八神四箇二也而陰不陰陽不陽子息之殊父母也壬與辰交辰先天之庚兌卦之子壬先天之未坤卦之子老陰老陽相配辰以巽入艮艮入巽巽離入兌兌入乾左行而起陽貪於戌順行至壬得巨門壬以坤入離離入兌兌入乾右行而起陰貪於戌逆行至辰得武曲

丑與庚交丑先天之甲震卦之字庚先天之壬坎卦之子少陰少陽相配丑以艮入巽巽兌也兌入乾左行而起陽貪於戌順行至庚得右弼庚以坎入震震離也離入兌右行而起

陰貪於庚逆行至丑得破軍
甲與未交未先天之辰巽卦之子甲先天之丙離卦之子少陰少陽相配未以坤入離離乾也乾入坎坎入震左行而起陽貪於甲甲以離入兌右行而起陰貪於庚逆行至未得巨門
丙與戌交戌先天之丑艮卦之子丙先天之戌乾卦之子老陰老陽相配丑以艮入巽巽兌也兌入乾左行而起陽貪於乾卦之戌順行至丙得破軍丙以乾之老陽退居西北右行而起陰貪於辰逆行至戌得武曲亦猶乾之於巽午之於巽

也、
此四千四支為地元之卦自子之西起左行而終於戌不與父母一路同行自立門戶相背而馳爲八卦之逆子所以爲八神四箇一也然其陰陽對待交媾互根不殊於天人兩元而陰以求陽陽以求陰亦與順子爲一例此二十四位九位星之所自起爲倒排父母之訣即河洛之妙用也有上下交左右交蓋乾兌出自老陽坤艮成於老陰離震變自少陰坎巽化自少陽由八八而六十四而三百八十四爻以爲求之無不脗合天地至大舍此而闔闢無靈四時有序棄此而運行

或忒豈僅為地理一端之用哉
至若陰陽相見之用生旺衰敗之故雖另有訣法杜陵先生已隱而不發由此說而詳求之自能心領神悟人何余瑣瑣也挨星訣法卽可推故范寅旭氏以隔四位為不符余讀蔣氏書雖得之半解終莫會其指歸久已抹卻不設偶因讀易之暇恍然有悟遂取挨星圖反復詳繹乃知畫河洛包括無遺作者非有得於神契曷克至此因以其卦而配之圖既竟竊歎易理元奧非淺學所可幾茂慧者按圖可以索驥鈍根人或未易了悟爰率筆書此以紀其原起之義雖辭多鄙俚祇期

明白顯易使觀者一目瞭然不計工拙俾藏之家塾以俟後來不可質之大方致貽譏誚

九星補論

嘗讀星符篇以九星爲父母氣所化一曰天皇帝即尊星二曰紫微大帝即帝星三曰北斗第一貪狼星四曰北斗第二巨門星五曰北斗第三祿存星六曰北斗第四文曲星七曰北斗第五廉貞星八曰北斗第六武曲星九曰北斗第七破軍星而尊帝二星又化爲輔弼在破軍之旁隱而不見皆高居紫微垣以主宰天地化育萬物者也前賢所論畧同義亦

詳明而用訣獨妙余讀易而悟挨星圖與先後卦位絲毫不爽蓋有合於老少陰陽對待流行之妙非臆度也蔣杜陵謂挨星訣非人不傳古今知者不能幾人余素無師承不得不詳為考索此配卦原起圖之所由作也圖中獨出廉貞一星竊嘗思之河圖之數十五與十居中洛書之數九五亦居中則中五者固眞陰眞陽交媾之所也化機由此而出八方之氣由此而施九星何莫不然至其首貪之義自一九媾精先天眞陽之氣實居於北以坎中藏乾爻有此一爻而後羣陰羣陽無不普徧此卦之所以起於坎而貪狼一星為諸卦之

統領故貪巨祿文廉武破輔弼者皆卦爻父母子女相得自然之次序顛倒錯亂而愈井然非人所能造也然雖卦首貪九星各隸一位父母之爻也自二十四位觀之位位有九星位位有父母一如經星之各著七政則由貪而起理有自然不容或誣故推原九星實位而父母之義益彰三卦之理益顯倒排之說爲有據矣元空五行即九星五行蔣氏註青囊序謂楊公看雌雄之法皆從空處認為眞龍故立名曰大元空此解極為明確而穿鑿附會者殊為多事亦實未能窮其蘊耳

天心正運圖即河洛卦爻之義會者自知須另為一

說也。

挨星圖

甲庚壬丙辰戌丑未
巨壬輔巨巨巨弼文輔輔
子乾午坤卯艮酉巽
貪子貪破文武文武文巨
乙辛丁癸寅申巳亥
貪癸文文文貪輔文巨破
甲庚壬丙辰戌丑未
破丑弼祿祿祿輔祿破破

甲庚壬丙辰戌丑未
破丙祿破破破文弼祿祿
子乾午坤卯艮酉巽
弼午武巨弼貪弼貪弼破
乙辛丁癸寅申巳亥
弼丁弼弼弼武祿弼破巨
甲庚壬丙辰戌丑未
巨未文輔輔輔祿輔巨巨

子乾午坤卯艮酉巽
破艮弼輔祿破祿破祿祿
乙辛丁癸寅申巳亥
弼寅祿祿祿弼弼武祿輔
甲庚壬丙辰戌丑未
貪甲貪文文文破巨武武
子乾午坤卯艮酉巽
巨卯輔弼巨輔巨輔巨文
乙辛丁癸寅申巳亥

子乾午坤卯艮酉巽
巨坤文祿輔巨輔巨輔輔
乙辛丁癸寅申巳亥
貪申輔輔輔文文貪輔祿
甲庚壬丙辰戌丑未
弼庚武弼弼弼巨破貪貪
子乾午坤卯艮酉巽
破酉祿文破祿破祿破弼
乙辛丁癸寅申巳亥

巨乙巨巨巨巨輔貪破文弼
甲庚壬丙辰戌丑未
武辰巨武武武武貪文文
子乾午坤卯艮酉巽
武巽破貪貪弼貪弼貪武
乙辛丁癸寅申巳亥
武巳貪貪貪破巨輔武貪

破辛破破破祿武巨弼文
甲庚壬丙辰戌丑未
武戌破貪貪貪武弼弼
子乾午坤卯艮酉巽
武乾巨武武文武文武貪
乙辛丁癸寅申巳亥
武亥武武武巨破祿貪武

此無極子授蔣大鴻挨星圖包舉河洛循環無端不可思議非神明於易理者未易辨此此必秦漢以上所固有非

後賢所可企及楊曾廖賴諸書無非發明此理即遠溯黃石青囊郭璞葬書亦皆為斯圖之註解果能如此深造自得河洛之精蘊先後天之微奧爽矣地理云乎哉

挨星實位原起圖

坎艮震巽離坤兌乾　一卦該三山

辰　巨壬巨祿文武破輔弼貪
午子　貪子貪弼輔破武文祿巨
癸　貪癸貪弼輔破武文祿巨
丑　破丑輔破武文祿巨貪弼
坤艮　破艮武破輔弼貪巨祿文
辛寅　弼寅輔弼貪巨祿文武破
未甲　貪甲輔弼貪巨祿文武破

坎艮震巽離坤兌乾

壬辰　武辰弼輔破武文祿巨貪
子午　弼午文祿巨貪弼輔破武
癸巳　武巳巨祿文武破輔弼貪
丑庚　武庚巨祿文武破輔弼貪
艮坤　巨坤武破輔弼貪巨祿文
寅辛　破辛文祿巨貪弼輔破武
甲未　巨未輔破武文祿巨貪弼

坎艮震巽離坤兌乾

酉卯巨卯文祿巨貪弼輔破武

申乙巨乙文祿巨貪弼輔破武

乾巽武巽巨祿文武破輔弼貪

戊丙破丙巨祿文武破輔弼貪

亥丁弼丁文祿巨貪弼輔破武

坎艮震巽離坤兌乾

卯酉破酉文祿巨貪弼輔破武

乙申貪申文武破輔弼貪巨祿

巽乾貪巽破輔弼貪巨祿文武

丙戊武戊文祿巨貪弼輔破武

丁亥武亥破輔弼貪巨祿文武

貴本於山之形勝富由於水之會聚
童斷石過獨五者皆不可葬然童中堅斷由崩洪石中髓過
成中畫獨中挺秀如冬巔松仰天壺平中凸則皆可葬
來止來爲亂飛走是也止爲治定靜是也亂處治初落是也
治處亂分落是也氣勢來山爲勢成山爲氣乘勢福淺乘氣
福遠依後一截觀之
三才即三吉謂父母也又三吉單言水也謂貪巨武也乃元
空之挨貪巨武排九宮之貪巨武也
五吉貪巨武輔弼也　此論水口

零正　零向之水也。正得元運之旺也。

書之一（貪）二（巨）三（祿）四（文）為東。五（廉）六（武）七（破）八（輔）九（弼）為西。

坎一白　坤二黑　震三碧　巽四綠　中五黃　乾六白　兌七赤　艮八白　離九紫

五子運、甲丙戊庚壬也。卽水火木金土之序也。

發龍以支帶為妙。

青囊上卷

黃石公授赤松子

經曰天尊地卑陽奇陰耦一六同宗二七同道三八爲朋四九爲友五十同途闔闢奇耦五兆生成流行終始八體宏布子母分施天地定位山澤通氣雷風相搏水火不相射中五立極臨制四方背一面九三七居旁二八四六縱橫紀綱陽以相陰陰以合陽陽生於陰柔生於剛陰德宏濟陽德順昌是故陽本陰陰育陽天依形地附氣此之謂化始

解曰　天高而有下濟之仁地卑而有上升之義無非陰陽奇耦運四方萬物之化育也一六二七三八四九者圖

書之體也圖之一六在後天之坎二七在後天之離三八在後天之震四九在後天之兌書之一則在北之坎六在西北之乾二在西南之坤七在西之兌三在東之震八在西北之艮四在東南之巽九在南之離此九宮之定位也當天一生水之時必須地六以成之地六成之時必須天一以催之二七三八四九皆同此互用也若五與十則居中宮而寄旺於八方焉一生一成二氣交感即陰陽交媾之義也由是五行兆焉八體佈焉乾坤為父母六子為子息自始反終流行萬物而天地定位矣山澤通氣乃艮兌之

一陰一陽也雷風相搏震巽之一陰一陽也水火不相射坎離之一陰一陽也此三陰三陽之各自為交而生萬物者也故中五立極臨制四方以善其用焉蓋天地生生之理陰陽交媾之妙不在於陽而在於陰以陰中之陽乃真陽也故陰為之感而陽以應之陰不純陽[陰]陽不純陰[陽]以陽本屬於陰而陰常能育陽也故曰萬化之始也

青囊中卷

經曰天有五星地有五形天分星宿地列山川氣行於地形

麗於天因形察氣以立人紀紫微天極太乙之御君臨四正南面而治天市春宮少微西掖大微南垣旁照四極四七為經五德為緯運斡坤輿垂光乾紀七政樞機流通終始地德上載天光下臨陰用陽朝陽用陰應（即四十八局之水城也）陰陽相見福祿永貞陰陽相乖禍咎踵門（陰陽相配者吉相乖者凶）天之所臨地之所盛形止氣蓄萬物化生氣感而應鬼福及人（水界則來氣自止合局則感氣自吉不合者凶自然之理也）是故天有象地有形上下相需而成一體（天地形象上下相應）此之謂化機

解曰　此專以天象為言也蓋天之五曜凝精於上地之

五行流通於下聖人因形以察氣而人紀立焉南面而治二十八宿分佈週天一經一緯眞陰眞陽之交通也故陰山陰向必用陽水合陰陽者吉不合者凶得時者吉失時者凶天地自然之理故曰化機

青囊下卷

經曰無極而大極也理寓於氣氣囿於形日月星宿剛氣上騰山川草木柔氣下凝資陽以昌用陰以成陽德有象陰德有位地有四勢氣從八方外氣行形內氣止生乘風則散界

水則止是故順五兆用八卦排六甲佈八門推五運即甲丙戊庚壬也定六氣風寒暑濕燥火明地德立人道因變化原終始此之謂化成

解曰　陰陽理氣雖上凝日月五星二十八宿下及四勢八方五兆八卦草木人姓俱不外乎二氣交感之理而其善用之妙全在乎變如陰陽理氣之出於太極也是故天地之順五兆以五星之正變審運也佈八門以八風之開闔審氣也推五運之盈虛審歲也定六氣以氣代謝審命也如是則大極不綦正而人道立地道成矣故曰化成

青囊序　曾求己著

楊公養老看雌雄　天下諸書對不同（天下諸書不一均不知雌雄之法故曰不同）

先看金龍動不動　次察血脈認來龍（先看龍之得生次看龍脈之合局此尋地之大要也）

龍分兩片陰陽取　水對三叉細認蹤（此言龍合水龍向陰則水必陽故必細認來龍詳審其陰陽也）

江南龍來江北望　江西龍來望江東（南龍北水西龍東水）是以聖人卜河

洛瀍澗二水交華嵩　相其陰陽觀流泉　卜年卜世宅都宮（引周公卜洛之事以証來龍向水必合陰陽也）

晉世景純傳此術　演經立義出元空　朱雀發源（推原元空大卦之始於郭璞朱雀發源生旺者正言北來之山得西來之水）

生旺氣　一一講明開愚蒙（陰陽之妙用始於一）

一生（大極）二兮（兩儀）二生三（即三陰三陽也）　三生萬物是元關（有一爻即三爻有卦）

即三卦乃天地之元關亦萬物生生之橐籥也山管山兮水管水此是陰陽不待言山自山水自水各有司今然亦必陰山陽水陽山陰水識得陰陽元妙理知其生旺衰與死不論坐山與來水但逢死氣皆無取先天羅經十二支後天再用干與維八干四維輔支位子母公孫同此推二十四山分順逆共成四十有八局五行即在此中分祖宗卻從陰陽出陽從左邊團團轉陰從右邊轉相通有人識得陰陽者何愁大地不相逢陽山陽向水流陽執定此說甚荒唐陰山陰向水流陰笑殺拘泥都一般若能勘破箇中理妙用本來同一體陰陽相見兩為難一山一水何足言二十四山雙雙起少有時師

通此義五行分佈二十四時師此訣何曾記山上龍神不下水水裏龍神不上山用此步水與量山百里江山一瞬間更有淨陰淨陽法前後八尺不宜雜斜正受來陰陽取氣乘生旺方無煞來山起頂須要知三節四節不須拘只要龍神得生旺陰陽卻與穴中殊天上星辰似織羅水交三八要相過水發城門須要會卻如湖裏雁交鵞（言天星與地脉水城皆一氣也雁交鵞言水龍左右交合中結出穴而向水中得令）富貴貧賤在水神（龍既得時水亦得令）水是山家血脈精山靜水動晝夜定水主財祿山人丁乾坤艮巽號御街（之玄水）四大尊神在內排（子午卯酉為四大尊神）生剋須憑五行佈要識天機元妙處（天機元妙即天）

（心正運也）乾坤艮巽水流長吉神先入家豪富（如離向水出乾坎向水出巽兌向水出艮震向水出坤皆吉神也）且驗人家舊日墳十墳埋下九墳貧惟有一墳能發福來山去水盡合情（龍向水皆合法而不出卦）宗廟本是陰陽元得四失八難為全三才（貪巨武也）六建（子息）也雖為妙得三失五盡為偏蓋有一行擾外國遂把五行顛倒編以訛傳訛竟不明所以禍福為糊言（此言一行禪師偽造五行以致諸家各遵五行以訛傳訛流毒中華而禍福糊混也）讀曾公青囊一敘而知龍向水三者俱要一家骨肉山則量山水則步水不可混挨山之法用之步水挨水之法用之量山其八卦二十四山順逆四十八局而陰山陽水陽

山陰水不得以純陰純陽吉凶參半之水出卦而犯殺也得其訣以尋地何愁大地不相逢耶奈何世人訛用一行之說原是攪外國之意誤人終不知元空大卦也惜哉

青囊奧語

坤壬乙巨門從頭出艮丙辛位位是破軍巽辰亥盡是武曲位甲癸申貪狼一路行八句只傳四語皆挨山之法非挨水也亦各有其時各有其挨而混於水者非

左為陽子癸至亥壬右為陰午丁至巳丙陽順陰逆從子之西壬挨戌至順也自子之東癸挨寅逆

雌與雄交會合元空雄與雌元空卦內推雌雄即元空也皆合元空之法也

山與水須要明此理水與山禍福盡相關山有山之卦氣水有水之卦氣不得混山水而為

一明元空只在五行中知此法不須尋納甲知元空五行之用則龍向水合四十八局何必專用納甲乎也顛顛倒二十四山有珠寶順逆行二十四山有火坑倒排父母而合法合時則二十四山皆珠寶矣若順者逆逆者順則二十四山皆火烈之坑矣蓋二十四山陰陽不一吉凶元空定合生旺之時則吉逢衰敗之時則凶山山有珠寶有火坑總要合得天心正運不出本卦之外為是認金龍一經一緯義不窮動不動直待高人施妙用得生旺曰動不得生旺曰不動用時以審龍然此動不動非高人深知元妙之理不能直指其動不動也其曰金龍蓋乾屬金而指乾金入坎之一論以例其餘也第一義要識龍身行與止第二元來脈明堂不可偏第三法傳送功曹不高壓左右之砂不宜太高第四奇明堂十字有元微第五妙前後青龍兩相照第六祕八國城門鎖正氣第七奧要向天心尋十道第八裁屈曲流神任去來第

九神任他平地與青雲第十眞若有缺一非眞情既有高人妙用而龍之行止道不可缺一蓋來脉自有來脉之受氣明堂自有明堂之受氣二者須各尋生旺兼而收之也十明倒杖卦坐陰陽何必想楊公倒杖點穴因其年老登山扶杖而在手已有天心正運在穴倒杖點之並非有他說也識掌模太極分明必有圖山龍眞穴必有大暈色土知化氣生剋制化須熟記生旺之氣多衰敗之氣少即謂之制化如壬向壬水乃出辰間有衰敗之艮宮雜來小水以混之言說五星方圓尖秀要分明曉高低星峰須辨得元微鬼與曜生死去來眞要妙星要圓秀峰要端正鬼為穴後之托皆照穴之大要也不可忽畧蓋來龍之星峰不宜小穴前之對照不宜射穴後要有托向放水生旺有吉休囚否向之放水諸家以去水為凶不知向之放水合生旺來固吉去亦吉不合生旺來去皆凶二十四山分五行知得榮枯死與生翻天翻地對不同其中祕密在元空認龍立穴要

分明在人仔細辨天心天心既辨穴何難但把向中放水看
從外生入名為進水得時之定知財寶積如山從內生出名為退
家內錢財皆盡廢生入剋出名為旺子孫高官盡富貴龍得時水
亦得時富貴穴也若不知此法則正神從外脈息剋入零神從內生出凶之至速也生旺要知音龍歇脈
寒災禍侵縱有他山來救助空勞祿馬護龍行言來龍之脈息如此為重外山之夾護為輕
勸君再把星辰辨吉凶禍福如神見識得此篇眞妙微
又見郭璞再出現胎息既得生旺再將羅經格定向上與來路水如來得合卦本一家骨肉則郭璞一般矣
來有情穴之脈有氣被水之凝結又有勢有格止有合元
合局非大地而何雖郭璞再生亦不外此作用也

天玉經內傳上

楊公筠松撰　羅盤用憑據

江東一卦從來吉（卦起子壬順逆）八神四箇一（四箇一箇順挨）江西一卦排龍位（卦起子癸順逆）八神四箇二（亦是四箇一箇經四位而起父母但此一卦兼二卦之事排江東之論一事亦排南北之兼三卦）南北八神共一卦端的應無差（共一卦者謂能該三卦之用亦各從其類也非言坐山言向水也蓋東西南北四卦有一卦只得一卦之用有一卦兼二卦之用有一卦二卦也用此元空秘密寶藏其中非真傳正授不能同悉其妙也）二十四龍管三卦莫與時師話（二十四龍本有八卦而實八卦之用止有三卦此元空之秘旨非口授不能知也）忽然知得便通仙代代鼓闐（駢）天卦江東掌上尋知了值千金地畫八卦誰能會山與水相對（北來之山南來之水也此即陰陽交媾之理亦即元空天卦之妙密）父母陰陽仔細尋前後相兼定前（後）相兼兩路看分定兩邊安

前後指卦爻而言一卦之中分父母止能兼卦之左不能兼卦之右故曰兩路若兼右則陰陽差錯矣

卦內八卦不出位代代人尊貴向水流歸一路行到處有聲名龍行出卦無官貴不用勞心力只把天醫福德裝未解見榮光八卦之中只有一卦龍向水在本卦之內龍水出卦則不吉蓋向須卦內之向水須卦內之水也

倒排父母陰龍位山向同流水十二陰陽一路排總是卦中來陰陽交媾皆倒排之法也十二陽山有十二陰山之水路十二陰山有十二陽山之水路總要大卦之中來也

關天關地定雌雄富貴此中逢翻天倒地對不同秘密在元空陰陽交媾天地之關竅也故元空之法原有元運而時師之五行與此大不相同

三陽水丙午丁也向盡源流富貴永無休言坎山離向也三陽六秀二神當六秀乃本卦之立見入朝堂此舉坎山離向而言也言離水上可出坎則出艮故曰三陽六秀二神當二神者乾戌出艮以卦之交三爻

母為三吉以卦之子息為六秀水到玉街官便至神童狀元出印綬若然居

水口玉街近台輔鼕鼕鼓角隨流水豔豔紅旗貴此言水合卦也上按

三才竝六建排定陰陽算三才即三吉六建即六秀此二句言方位也下按玉輦捍門

流言水龍去要回頭此二句言形勢玉輦捍門指水去兜抱故曰回頭六建分明號六

龍名姓達天聰正山正向流支上寡天遭刑杖此專論干支零正若子午卯酉

之山向而水又在他卦之支上流出則有此凶蓋水要從乾坤艮巽方流出乃吉共路兩神為夫婦如龍從子癸一

路共來類若夾壬亥丑艮為凶認取真神路即夫婦同來不雜他卦也仙人祕

密定陰陽便是正龍岡如坎卦壬居陽子癸為陰子癸真夫婦若子陰而又與壬陽則非真夫婦之類矣

陰陽二字看零正坐向須知病正者得元之旺零者向之水也坐向須知病要零正得宜也

若遇正神裝（正位）發水入零堂（此二句言零正得宜也）零堂正向須知好認取來山腦（要看入脉合元否）水上排龍點位裝積粟萬餘倉（此言零正合式故發）正神百步始成龍水短便遭凶（正神之龍宜深遠悠長始可成龍水界合元者吉不合元者凶）零神不問長和短吉凶不同斷（零神合卦雖短亦吉不合卦雖長亦凶）父母排來到子息（看其父母子息合否）須去認生尅（認其卦之尅氣生氣）水上排龍點位分（水有一路聚者有兩三路來者故須照位分開若傍來之水在父母卦內一氣謂之兄弟亦可）兄弟更子孫（排得眾水皆兄弟又在本卦之內可也而兄弟卦內又有子孫雖排父母一卦總是一家骨肉雖多亦吉也）二十四山分兩路（十二陰十二陽分在生死也）認取五行上（要清純）龍中交戰水中裝便是正龍傷（若龍中所受之氣既不清則神已非吉矣然水中合式龍遇水制亦可免凶所謂東卦之龍西卦之水也）

二十四山原有生死之兩路若既衰死而水得合時之令亦可發財丁又有龍合生旺而水不得令必然消索之凶故零正俱要得令

前面若無凶交破莫斷為凶禍凶星看在何宮頭仔細認蹤由先定來山後定向聯珠莫相放來山與向原是兩路其脉山出煞務宜斟酌故日聯珠不相放須知細覓五行蹤富貴結前龍合卦者即是富貴貞地五行若然翻值向百年子孫旺坐山生旺者許發百年陰陽配合亦同論富貴此中尋東西父母三般卦算值千金價二十四路出高官緋紫入長安言合三盤卦也父母不是未為好無官只富豪若非本卦而乘交神生息止是發福父母排來看左右向首分休咎雙山雙向水零神富貴永無貧若遇正神須

敗絕五行當分別隔向一神仲子當千萬細推詳來山轉曲不必盡屬父母兼看子息兩爻若子息清純須看向上水神亦合卦內而水出亦在卦內變山雙向俱要合卦之零神若零神而作正則氣送而凶敗矣若行公位看順逆接得方奇特公位若來見逆龍男女失其蹤公位分行之驗也順逆者龍之當時與不當時也若水裡龍神則又以逆為順也更看父母下三吉三般卦第一四十八局只有三卦故曰第一吉龍要合向向合水水合三吉也

天玉經內傳中

二十四山起八宮貪巨武輔雄四邊盡是逃亡穴下後令人絕言一行乃所結九宮專收貪巨武三吉為萬年一例之用宜乎下後都絕惟有元空法之挨貪巨武乃真也惟有挨星為最貴洩漏天機秘天機若然安在內家活當富貴天機若然

安在外家活漸退敗五星配出九星名天下任橫行（挨星乃天機之祕）

（安在本卦之內則吉安在本卦之外則凶五星者貪巨武輔弼挨水之用也配出九星者即挨山坤壬乙也）

干維乾坤艮巽壬陽卦星順輪（自壬干順挨也）支神坎震離兌癸陰卦逆行取（自癸干逆挨也）分定陰陽歸兩路順逆推排去（兩路一順一逆起挨也）知生知死亦知貧留取教兒孫（人能知得此訣則出入登穴即知龍之生死家之貧富得失矣）天地父母三般卦時師未曾話訣元空大卦神仙說此是本經訣不識宗支莫亂傳開口莫糊言若還不信此經文但覆古人墳（三般卦之經訣乃神仙妙法豈狂輕傳自犯天律者）（不信要驗舊墳則三般卦知之靈矣）分卻東西兩箇卦會者傳天下學取仙人經一宗切莫亂談空五行山下問來由（因要問出脉入首可合元合局否）入首便知蹤

（分四卦於東分四卦於西乃仙人秘授之訣固不可妄洩若入山尋地必先問下山何卦可向何卦來水皆合卦否）一二三四為東　六七八九西

分定子孫十二位禍福相連值（言時師不知父母三般卦法分定子孫而栈福相値矣）千災萬禍少人知想者論宗支（俗云千凶千出以至災禍不自知也）五行位中出一位仔細秘中記假若來龍骨不真從此誤千人（為本卦出一位則犯他卦之殺矣如出一位仍在本卦雖出卦猶在本卦）（內此論龍的矣）

一箇排來千百箇莫把星辰錯龍要合向向合水水合三吉位（如坤壬乙之龍坤壬乙之向坤壬乙之水也三吉貪巨武挨水也）合祿合馬合官星本卦生旺尋合凶合吉合祥瑞何淊能趨避（祿馬官星祥瑞要得生旺之時則應非生旺之時不應也）但看大歲是何神立地見分明成敗定斷何宮位三合年中是（言山向之利不利若分位之興衰則應於三合之年）挨星仔細看五行看自何卦生

來山入卦不知縱八卦九星空順逆排來各不同天卦在其中（不知來山從何卦生來則八卦九星從何排起且一順一逆有不同勢必以順為逆以逆為順矣）甲庚丙壬俱屬陽順推五行詳（非乙丙交而趨戌從丙上起長生順推之類錯）乙辛丁癸俱屬陰逆推論五行（非乙丙交而趨戌從乙木生午起長生之逆推訛也）陽順陰逆不同途須向此中求（九星挨加雖有順逆不同而此中實有一定之法求之也）九星雙起雌雄異元關眞妙處（皆有一雌雄雙雙起之法即元關也）東西兩卦眞奇異須知本向水本向本水四神奇（向有兩神水有兩神）代代著緋衣（東西卦內各有本向本水總要合得元運）水流出卦有何全一代作官員一折一代為官祿二折二代福三折父母共長流馬上錦衣遊馬上斬頭水出卦一代為官罷直山直水去無翻場務小官

班 水不出卦而有曲折悠揚長遠官職高大

天玉經內傳下 離向

乾山乾向水朝乾
乾入坎 乾水入
乾也 坤艮向
乾峰出狀元 極言其應也

卯山卯向迎源水
震入 震水
入震也 兌震向
驟富石崇比 極言之

午山午向午來堂
離入 離水
入坤也 離坎向
大將鎮邊疆 極言之

坤山坤向水坤流
坤入 坤水
入巽也
富貴永無休 極言之

八局正說四語也以本宮之山作本宮之向而取本向之水此即天機關竅亦即先後天相見之義也

辨得陰陽兩路行，五星要分明。泥鰍浪裏跳龍門，渤海便翻身。（識得五星結體，識得陰陽順逆，識得合元合弓登山易之矣。）依得四神為第一，官職無休息。穴上八卦要知情，（穴內也。）向卦裝清（龍來合法而立向，亦要裝清，誠恐水路亦有出卦者也。）要求富貴。三般卦出卦家貧。之寅申巳亥水來長，五行向中藏。（乃乙辛丁癸之向也。）辰戌丑未四金龍，動得永不窮。（若得運即發，何論四墓訛。）若還借庫富後貧，（借庫者，時師之論生旺墓。）自庫樂長春。（自庫者，不出卦之水也。）大都星起何方，是五行長生旺。（非時師之長生沐浴，乃大卦生旺方官星也。）大旆相迎起高岡，方（生旺之）職位在學堂。捍門官國華表起，山水亦同例。水秀山峰奇，出大官。（龍得生旺，水得生旺，而水出又秀，必出大官。）四位一般看，（四方一般水也。）坎離水火中天過，（子山午向）龍墀移帝坐寶蓋坤鳳閣艮四維朝寶殿巽登龍樓乾罡劫弔殺休犯著辰戌丑未也四墓銷鑠金枝巳玉葉亥四孟裝金箱寅玉印申藏此坎山離向乃坎離交媾乾艮兩催三元不敗之局也言四維拱伏辰戌丑未不犯寅申巳亥皆藏伏也

帝釋一神定縣府也丙紫微同八武倒排父母養龍神富貴萬餘春此壬山丙向也合倒排此星也水歸戌或歸丑也識得父母三般卦便是神仙下北斗七星去打劫離宮要相合北斗七星此為上局非定立一方也龍穴水路非定於元也北斗隨運而轉龍亦隨元而生如坎水得令必須乾氣乘龍入坎作離向出乾水此坎宮打劫即天運即龍向水乾甲丁亥卯未艮丙辛寅午戌巽庚癸巳酉丑坤壬乙申子辰分正零一家骨肉也餘類此義

子午卯酉四龍岡作祖人財旺水長百里佐君王水短便遭傷子午卯酉之龍發之久遠水長得令水短不得令其二十四山均要得令得時發之吉識得陰陽兩路行

富貴達京城不識陰陽兩路行萬丈火坑深識得陰陽順逆兩路挨加之又得元而行之則必富貴矣不知順逆挨加而又不隨元而行之則扞火坑敗矣

前兼龍神前兼向聯珠莫相放此亦零正得宜也

後兼龍神後兼向排定陰陽算此言後之不宜也蓋兼後有陰陽差錯也

明得零神與正神指日入青雲不識零神與正神代代絕除根如立子山午向兼癸丁排父母於離上之星加於子午上挨逆離上是也若挨坐之法則又從來水字之父母挨到向上去水字之父母挨到坐山与挨山不同也

一龍宮中水便行一折去本卦而去子息受艱辛四三二一龍迎去四水之曲折逆去都在

子眞富貴在卦內也四三節曲折龍行位遠主離鄉四位發經商

本卦上過三四節却又去他卦後轉本卦則必离鄉發財而歸

時師不識挨星學只作天心摸

東邊財穀引歸西北到南方推老龍日臥在山中何嘗不爲

逢正是自家眼不的白亂把山岡覓時師不識真傳糊行乱走所以差龍在目而卒不識也若得真傳者一入水口即知其中有地無地其中或有東邊西水之妙或有西邊東水之妙或有北邊南水之妙

世人不識天機秘洩破有何益汝今傳得地中仙元空妙難言翻天倒地更空元大卦不易傳更有收山出煞訣亦無為汝說相逢大地能幾人箇箇是知心若還求地不種德穩口深藏舌真傳古人原不輕授是以知者少楊公之授曾公以公之心正而公也是故深戒其得傳之後當宝藏焉至於求地必先種德千古至理

一部天玉經與青囊經及奧語等書文雖千萬而理固一轍眞言總要龍合向向合水水合三吉也

都天寶照上篇

楊公筠松著

天下軍州總住空何曾撐著後來龍只向水神朝處取莫說後無主立穴動靜中間求須看龍到頭（平陽之處無有脉節星露多是坐空朝滿天下都城州縣以及皇宮大地皆是也但空龍之處前要水朝後要水繞乃真空地也）平洋妙訣無多說因見妙應心性拙全憑掌上起星辰類取裝成為妙訣大山喚作破軍星五星所聚脈難分但看出身一路脈到頭要分水土金又從分水脈脊處便把羅經照出路節節同行過峽眞前去必定有好處子字出脈子字尋（言要一字骨脈不容雜兼他卦）莫教差錯丑與壬若是陽差與陰錯勸君不必費心尋（陽差陰錯本卦中有之固不宜妄兼若夾他卦不必混兼）

子午卯酉天元宮乙辛丁癸一路同若有山水一同到半入乾坤艮巽宮子午卯酉乙辛丁癸乃真夫婦也山水可以同到若只有乙辛丁癸之山水則坐穴乾坤艮巽之中蓋乙辛丁癸占辰戌丑未相連故也取得輔星成五吉山中有此是眞龍上向是言水上挨星子午卯酉為天元乙辛丁癸為人元辰戌丑未地元龍乾坤艮巽夫婦宗雖有陰陽之分實同一卦也在向之水則可若本山相兼則不可甲庚丙壬為正向脈取貪狼護正龍辰戌丑未之山甲庚丙壬之水甲庚丙壬之山辰戌丑未之水寅申巳亥入元來乙辛丁癸水來催更取貪狼成五吉寅坤申艮御門開巳丙宜向天門上亥門向得巽風吹寅申巳亥之駢要乙辛丁癸之水則挨星有貪狼又有輔星在內也但申向寅向獨立亦可坤向巽向兼申寅亦可皆父母帶子息宅若乾巽兩卦乾于帶亥不可以亥壬兩受兩水也蓋亥兼向則必受其風因单山故也貪狼原是發來遲因单山坐故也

向穴中人未知立宅安墳過兩紀方生貴子好男兒（貪狼原是上吉之星因挨山不在山而在向在水也）立宅安墳要合龍（合元合局）不須擬對好奇峰（對峯要對本身秀枝作案者吉）主人有禮客尊重客在西兮主在東（龍為主向為客猶夫婦交媾山水一家也故東山必要西水西山必要東水北山必要南水南山必要北水看元運該用水吉東山之水出艮西山之水出坤南山之水出巽此即賓主相得也平洋之水為客山龍無水對案為客也）

都天寶照中篇

教看君取縣州場盡是空龍撥擺蹤莫嫌遠來無後龍龍雖空時氣不空兩水界龍連生窟穴得水兮何畏風但看古來鄉相地平洋一穴勝千峰（高山以後龍為主平洋以水為主如巽龍入艮作坤向坤水出震艮方不實者類也）

子午卯酉四山龍坐對乾坤艮巽宮（子午卯酉之山乾坤艮巽之水）莫依八卦

陰陽取陰陽差錯敗無窮（時師執定三陽卦三陰卦以論空知每卦有陰陽之別固矣若陰兼陽陽兼陰而犯差錯又犯分金之殺必敗傷）

乙辛丁癸單行龍半吉之時又半凶（乙辛丁癸易犯辰戌丑未夾帶而來若乙帶辰辛帶戌之類）坐向乾坤艮巽位（子午卯酉之山必向乾坤艮巽之水）兼輔而成五吉

龍（挨水之星）辰戌丑未四山坡甲庚壬丙葬墳多（辰戌丑未山甲庚壬丙水）若依此理

無差錯清貴聲名天下哦為官自有起身路（起身路龍之分枝出脉路也）

兒孫白屋出登科八卦不是真妙訣時師休把口中歌敗絕

只因用卦安（翻倒用行之八卦）何見依卦出高官陰山陽水皆真吉

獨陰獨陽禍百端（陰山陽水陽山陰水乃四十八局之真訣若執淨陰淨陽之說必致禍百端也）水若朝來

須得水莫貪遠秀好峰巒審龍若依圖訣葬宮職榮華立可觀通節竅妙在一得水彼不知得水者或用淨陰淨陽又或陰不陰陽不陽以致無福及禍若得水之訣則來龍入脉收水立向皆合陰陽交媾之旨而發福無窮矣

寅申巳亥騎龍走乙辛丁癸水交流寅申巳亥之龍宜乙辛丁癸之水合三大卦一家若有此山並此水白屋科名發不休凡有山之水可以不論而有水之山不可不論水以挨順逆也此元空大卦之水

天機妙訣本不同八卦只有一卦通用凶卦之向則來龍入脉與向水俱凶星一卦故曰一卦通

乾坤艮巽纏何位乾坤艮巽之水子午卯酉之山乙辛丁癸落何宮寅申巳亥之山用此水甲庚丙壬來何地狀是辰戌丑未之山星辰兩轉要相逢言山水相逢皆吉也莫把天罡稱妙訣錯將八卦作先宗莫作一行之顛倒錯亂乾坤艮巽出宮貴子午卯酉之山必要向乾坤艮巽之水也乙辛丁癸田莊位寅申巳亥之山要外水口甲庚壬丙最為

榮（辰戌丑未之山要與水合）下後兒孫出神童（總結三大卦之應驗）未審何山消此水合得天心造化工（天心即天運當元也總要合元時吉）

註　此即三大卦之祕旨亦即四十八局之大法言廿四山有廿四水路交馳果下何卦收何山乃消得此水去得此煞其曰一卦通者即指天心正運之一卦如下坎卦有壬子癸三山也壬則丙壬甲庚之山辰戌丑未之水子則子午卯酉之山乾坤艮巽之水癸則乙辛丁癸之山寅申巳亥之水此坎卦三山各有一卦通也如下離卦有丙午丁三山丙則甲庚丙壬之山辰戌丑未之水午則子午卯酉之

山乾坤艮巽之水丁則乙辛丁癸之山寅申巳亥之水各有一卦通也（兌卦震卦未載）以下乾坤艮巽四維皆可以類推凡此節節三元三卦之秘密也所謂陰用陽朝陽用陰應皆眞陰眞陽交媾之妙也倘下此一卦而無此一卦之龍有此一卦之水或有此龍而水之來去不合則非三大卦之眞龍亦非四十八局之眞也彼夫用坎卦帶兼乾艮卦用乾卦兼坎兌卦用兌卦兼乾坤卦用坤卦兼兌離卦用離卦兼坤巽用巽卦兼離震用震卦兼巽艮用艮卦兼震坎皆本卦之夾雜左右卦也若水路之夾雜尤爲不可此上

中下三元之全竅也

五行一訣非眞術　城門一訣最為良（五星之用要其訣全城門蓋城門一訣龍身出脉正在一家骨肉也）識得城門五星訣　立宅安墳定吉昌　堪笑庸愚多慕此　安將卦例定陰陽　不向龍身觀此脈　又從砂水斷災祥（出脉得旺向案來水水口交合則須旺也）葯松寶照眞妙訣　父子相親不肯說　有人識得是前緣　天下横行陸地仙（三卦乃龍向水之秘密不肯輕傳有人知得則於陰陽兩宅之盛衰一見便知以之遍行天下誰不服其為陸地仙也乎）世人只愛周迴好　不知水亂山顛倒　時師但云講八卦　卻把陰陽分兩下（有淨陰淨陽之說）陰山只用陽水朝　陰水只用陽山收（乃眞淨陰淨陽也陰山陽水陽山陰水乃交媾之淨陰陽非時師之謂淨陰陽也）俗夫不識天機妙　自把

山頭錯顛倒胡為亂作害世人福未來時禍先到凡大地在山或在平洋皆有陰陽交媾之妙時師不識向水去水之合龍合局妄以三合言之又不知元運故遇吉而不覺值凶而反敗也陽若無陰定不成陰若無陽定不生陽水陰山相配合兒孫天府早登名來龍即合時運而向水又合一卦獨出口之水不合本卦陰陽則必犯純陰純陽之病而難發丁矣都天大卦總陰陽玩水觀山有主張能知山情與水意配合方可論陰陽八卦之神不過三卦之用而三卦元運之時總在陰陽配合其曰有主張乃知元運主張必如此所論山水乃可取也

都天寶照下篇

尋得眞龍龍虎飛水城屈曲抱身歸前朝旂鼓馬相應下後離鄉著紫衣真龍奔走為火龍追之不及曜氣分飛故子出卯大發乙字水纏在穴前下砂收

鎖穴天然當中九曲來朝穴悠揚瀦蓄斗量錢兩半朝歸穴後歇定然龍在水中蟠此平洋之地四面皆山之穴也若有聲為數錢水催官上馬御階前平洋取水馬為驗如乙字水朝穴前歸於穴後纏護者更妙安墳先要定中陽寬抱明堂水聚囊言要明堂寬濶得中陽之氣也出峽結成元字樣朝朝鸞鳳舞呈祥兩言乙字水朝得生旺之氣也外陽起眼人皆見乙字彎身玉帶長朝水過灣纏穴後所謂水得坐空朝滿更有內陽坐穴法言來龍正坐得生之氣而城門又合本卦陰陽之妙神機妙處覓仙方非神机妙處不足語此水直朝來最不祥一條直是一條鎗兩條名為揷脇水三條云是三刑傷四水射來名四殺八水名為八殺殃直來反去拖刀殺徒流客死少年亡時師直說下砂逆禍

來極速怎堪當圳𧿹路街如此樣急宜遷改免災殃無論直射直流四殺三刑是不祥即當前圳𧿹路街直射大不祥也但旺元猶可衰元難當

前水朝來又擺頭淫邪凶惡不知羞陰位主女陽位主男擺頭邪去如繩索樣不停元運凶惡难當

乾流自是名繩索自縊因公敗可憂

左邊水射長房死右邊水射少兒亡水直若然當面射中子離鄉死道傍此八卦分房之論也不當令更甚

東西南北水射腰房房橫死絕根苗貪淫男女風聲惡曲背駝腰家寂寥

左邊水反長房死離鄉忤逆皆因此右邊水反小兒傷風吹婦女隨人走當面水反中男當斷定二房有損傷左右中反房房絕切忌墳塋遭此刼

一水裹頭名斷城下之雖發未為榮兒孫久後房房絕

水到砂收反主興（穴前最忌逼窄更忌一水裹頭穴前去無餘氣若穴前水朝而餘氣寬展且又得令則反主興）茶槽之水實堪憂（深坑無托如槽直逼無摺）莫作陰龍一例求穴前大逼割脣脚不見滎兮反見愁（凡穴前不宜裹頭割脚總要離穴前有餘也）元武擺頭有多般（元武者穴後也穴後最忌擺頭而去須看前水來是何卦後水去是何卦合本卦來去得宜乃發）未可鏗然執一端或斜或側或正出須憑直截對明堂（也）（來去一卦）擺頭直出是分龍須取何家龍脈蹤（審定水神去是何卦合此卦則不謂之分龍）大山出脉分三訣（若水大於山則立山向論雜煞水故有三訣之分訣者如立午向午右雜巳水右雜未水）未許專將一路窮（不可執一向論如立午向不可午向水旺而巳未二宮不忌）家家墳宅後高懸（凡平洋穴後宜空高山則不宜空總要穴後高懸或脫龍就局）大陽不照大陰偏（高則掩蔽陽光偏照陰氣）必主其家多寂寞男孤女寡實堪憐（得令）

既發之後孫嗣見祖墓碑石羅圍矮小因請時師主命築圍修墓高而又高引風塞氣修后立敗主家固不知也時師亦不深思其故可憐可憐此指平洋而言也若高山又以後高為大陽正照而吉後空則以大陰失陷而凶平洋之穴多在後空但堂前喜水朝揖而得合也

貪武輔弼巨門龍方可登山細認蹤水去山朝皆有地不離五吉在其中（星體合吉方登山而定其方位若局形方位合吉雖水去亦吉不得以水去而棄之也今人動云第一莫下去水地兼棄其吉誤矣）

破祿廉文凶惡龍世人墳宅莫相逢若然誤立陰陽宅縱有奇峰到底空本山本龍立本向返吟伏吟禍難當（以本卦納甲干支位位返吟伏吟故凶即翻卦之五行也）自縊離鄉蛇虎害作賊充軍上法場（極言納甲翻卦五行之害）

明得三星（貪巨武是星言龍之形體也）五吉向（貪巨武輔弼是水之去口也）轉禍為祥大吉昌（言龍向水三者相合也）

龍眞穴正誤立向陰陽差錯悔吝生（如子山午向兼壬丙是也）

幾為奔走赴朝廷繞到朝廷帝怒形緣師不曉龍何向墳頭
下了剝官星尋龍過氣尋三節父母宗支要分別孟山須要
孟山連仲山須要仲山接干奇支偶細推詳節節照定何脈
良若是陽差與陰錯縱吉星辰發不長一節吉龍一代發如
逢離亂便參商先識龍脈認祖宗蜂腰鶴膝是真蹤要知吉
地行龍脈兩水相交夾一龍夫婦同行脈路明須認劉郎別
處尋平洋大水收小水不用砂關發福久水口石似人物形
定出擎天調鼎臣兼用山水平洋之龍蓋山要砂関平洋不要砂関山龍蜂腰鶴膝平洋取二水交夾山龍有水論水無水兼挨水平洋以水向水水繞為主論向而兼論龍也蓋平洋真龍結作必從高山而落或百里或數十里其出脈口是一家剝換亦是一家不然則劉郎別處尋矣高山亦然

龍若直來不帶關支兼干出是福山並得吉向無差誤催祿
催官指日間（龍向不犯差錯而又合時合局矣）乾坤艮巽龍過坳節節同行不
混淆向對甲庚壬丙水（如乾龍入坎作壬山丙向坤龍入離作丙山壬向）兒孫列土更分茅
仲山過脈不帶關三節山水同到前斷定三代出官貴古人
準驗無虛言（夫婦同行三四節不離他卦而脉之內氣向水外氣同至穴前則官貴之驗亦隨脉之長短而卜之矣乾坤艮巽喜寅申巳亥同行忌辰戌丑未以雜）癸龍多向支神取若是干神向不同支若載干為夫
婦干若帶支是鬼龍子癸為吉壬子凶三字眞假在其中乾
坤艮巽天然穴水來當面是眞龍要識眞龍結眞穴只在龍
脈兩三節一三節不亂是眞龍有穴定然奇妙絕千金難買此

元文福緣遇者毋輕洩依圖立向不差分榮華富貴無休歇

時師不明勉强揷雖發不久即敗絕支龍不出卦吉干支夫婦同行吉子不可帶壬壬不可帶子而犯差錯來龍既真而扦穴向水出去水纏繞合法則十全大地也然理難得一箇星辰一節龍龍來長短定枯榮蓋仲季山無錯亂數產入龍上九重節數多時富貴久一代風光一節龍富貴久遠關乎來龍節數一路行踪又忌雜別卦龍為緊要

此無論山岡平洋高山其來固有東西之分其取用又有三大元之別其入用又有三卦之殊故龍也向也水也各分其一家各成其局合其局而得其令則隨令而發矣不合局又值不得令則鬬殺而用豈免傷丁敗損乎是固然也且又此

時之龍彼時之水如兼用有錯又有傷損矣又有彼時之龍

此時之水亦然發福矣然此作法惟兼通三卦之旨用者佐

經作意要龍向水三者合局合時龍之起頂出脈以及中間

剝換不雜脈一氣出水一氣則龍合向向合水水合三吉位

乃大地也

旹

同治十一年歲次元默涒灘小陽春月吉旦湯呦呦山房鈔

水裏龍神　四隔　陽順　陰逆

巽山乾上起陽貪　乾山巽上起陽貪　坤山午上起陽貪
艮山午上起陽貪　子山巽（子）上起陰貪　午山子（巽）上起陰貪
卯山巽上起陰貪　酉山巽上起陰貪　癸山亥上起陽貪
巳山癸上起陰貪　丁山巳上起陽貪　亥山巳上起陰貪
辛山乙上起陽貪　寅山巳上起陰貪　乙山申上起陽貪
申山巳上起陰貪　壬山戌上起陰貪　辰山戌上起陽貪
丑山戌上起陽貪　庚山庚上起陰貪　甲山庚上起陰貪
未山甲上起陽貪　丙山辰上起陰貪　戌山戌上起陽貪

編成水裡挨星陰陽起例歌句

乾巽交互均是陽艮坤泩午照原量子酉卯陰挨巽逆午山子上大陰方癸臨亥上丁排巳乙在申中辛乙鄉記取四山陽上立挨星圖內有分張亥寅申位陰貪巳巳起陰貪在癸鄉丙顧辰兮壬以戌甲庚庚上盡陰當辰丑戌山陽戌起未居甲地大陽裝水裡龍神真口訣三才八卦有成章